Zyad Chouadhi

50 raisons pour se lancer en affaires… ou de rester salarié !

ISBN : 978-2-9824936-2-9

Dépôt légal – Bibliothèque et Archives nationales du Québec, 2026

Dépôt légal – Bibliothèque et Archives Canada, 2026

REMERCIEMENTS

Avant tout, merci à mes parents, et à celles qui ont partagé ma vie. Merci aussi à celles et ceux qui m'ont soutenu et à celles et ceux qui ne l'ont pas fait : chacun, à sa manière, m'a aidé à avancer.

Un clin d'œil, un peu tardif, à Jean Allan, que j'ai fini par entendre.

Merci enfin à l'ensemble des entrepreneurs, d'aujourd'hui et de demain, qui avancent avec leurs doutes, leurs idées, et parfois leur folie.

Ce livre est dédié à Besim Kryeziu, l'incarnation même de ce que signifie entreprendre.

« Définissez le succès avec vos propres termes, atteignez-le avec vos propres règles, et construisez une vie dont vous êtes fier. »

Anne Sweeney

Avant-propos

Pourquoi un nouveau livre sur le fait de se lancer en affaires ? Après tout, on trouve déjà des centaines de guides, plus ou moins sérieux, plus ou moins accessibles. Eh bien, parce que je voulais dire les choses autrement. Parce que, après toutes ces années à créer, à rater, à rebondir, j'ai compris que ce dont on parle rarement, c'est ce qu'on a réellement besoin d'entendre ou de se faire dire au moins une fois : la vraie réalité. Pas celle des success stories à sept chiffres qu'on nous présente à répétition, mais celle des nuits blanches, des doutes, des ruptures, des sauts dans le vide. Celle où l'on s'interroge, lucidement, sur la justesse du choix posé.

J'ai constaté que, dans l'espace francophone, qu'il s'agisse du Québec, de la France, de la Suisse ou d'ailleurs nous partageons des aspirations communes, mais aussi des tabous et des pièges similaires lorsqu'on se lance en entrepreneuriat. Ce livre en est le miroir : un ensemble de réflexions parfois drôles, parfois abruptes, mais toujours sincères.

Au fond, tout converge vers une seule question : une personne, quelque part, est-elle disposée à vous rémunérer de manière à vous permettre de vivre réellement de votre projet, et suffisamment longtemps. Sans cela, tout le reste demeure accessoire. Ni l'idée, ni la passion, ni la technologie ne constituent un socle.

Si vous êtes disposé à entendre des vérités qui ne cherchent pas à plaire, à considérer vos futurs échecs comme des matériaux d'apprentissage, bienvenue. Ce livre vise à offrir de la clarté, à éviter certains pièges et à maintenir le cap dans un parcours exigeant, mais porteur.

Voici 50 raisons pour se lancer en affaires… ou pas.

Zyad

Table des matières

« Essayez de ne pas devenir un homme ou une femme de succès, mais plutôt de valeur. »

Albert Einstein

Introduction

Si tu es rendu à cette page, c'est que quelque chose t'appelle : une idée, une opportunité, ou simplement l'envie de sortir du salariat. Tu as lu ou vu des histoires de réussites et tu te dis que, peut-être, ton idée pourrait changer quelque chose pour les gens, pour l'environnement, ou pour ta propre trajectoire. Peut-être même rêves-tu d'une réussite financière ; à toi de mettre le nom qui te parle.

Bref, on commence. Tourne la page, et tu verras si tu choisiras ou non de lancer ton projet.

Partie 1 : L'ENVIE

Oui, l'envie ! Souvent, on entend qu'on devient entrepreneur parce qu'on a une idée géniale ou que l'occasion se présente, mais c'est faux ! Tout commence toujours par ce péché délicieux et malicieux qu'est l'envie. Ce petit feu intérieur qui nous pousse, parfois sans raison apparente. D'ailleurs, regardons ensemble si tu as vraiment envie de te lancer en affaire.

#1
Pour être libre ? Bonne blague !

Il y a quelques années, un ami m'a lancé :« J'en ai marre de mon boss et de sa boîte de m*rde ! Je pars, je monte ma start-up. Cette fois, je ferai les choses comme je veux, quand je veux. Fini de trimer pour les autres ! »

On croit souvent que créer son entreprise, c'est la liberté absolue : plus de patron, plus d'horaires, plus de comptes à rendre.

Spoiler :

La liberté existe, oui, mais c'est plutôt celle de choisir quels feux tu vas éteindre en priorité chaque matin.

Ce qu'on réalise vite :

L'entrepreneuriat te rend libre de travailler 70h par semaine pour toi, plutôt que 35h pour quelqu'un d'autre.

Les faits :

Selon la FCEI (2026), les propriétaires de PME sans employés cumulent en moyenne 60 heures hebdomadaires, tandis que Statistique Canada (2023) indiquait déjà 62% travaillant plus de 50 heures.

À toi de clarifier :

Quelle est ta définition personnelle de la « liberté » et jusqu'où es-tu prêt à aller pour l'obtenir ?

....

....

....

....

....

....

....

....

#2
Être son propre patron (et découvrir qu'on en a dix).

L'autre jour, j'ai demandé à une connaissance pourquoi il voulait lancer « sa boîte ». Il m'a répondu, tout fier : « J'en ai marre qu'on me dise quoi faire. Je veux être mon propre patron ! ».

Je l'ai laissé rêver deux secondes.

Spoiler :

C'est grisant de se dire qu'on ne recevra plus jamais d'ordres d'un supérieur hiérarchique. Mais la vérité, c'est que tu vas passer ton temps à répondre à tes nouveaux « boss » : tes clients, ton comptable, ton banquier, et même ton propre stress. Être son propre patron, c'est surtout être responsable de tout, tout le temps.

Ce qu'on découvre vite :

Ton patron ne disparaît pas : il se multiplie. Et il devient plus exigeant.

Les faits :

La BDC (2026) confirme que la pression administrative, identifiée par 43% des entrepreneurs en 2022, persiste avec les défis de productivité et d'incertitude commerciale.

À toi de clarifier :

Fais la liste de tes « boss » potentiels (clients, institutions, fournisseurs). Peux-tu les assumer sans perdre le sommeil ?

……………………………………………………………

……………………………………………………………

……………………………………………………………

……………………………………………………………

……………………………………………………………

……………………………………………………………

……………………………………………………………

……………………………………………………………

……………………………………………………………

#3
Le mythe du « je vais travailler moins ».

Un jour, un collègue m'a dit : « J'en peux plus du métro-boulot-dodo. Quand j'aurai ma compagnie, je bosserai moins, je profiterai enfin de la vie. »

J'ai souri.

Spoiler :

Beaucoup de gens se lancent pour échapper au 9 à 5. Ironie du sort : tu ne sortiras jamais du 9 à 5... mais tu y ajouteras le 5 à 9, et parfois les fins de semaine. Au début, ta compagnie te demandera tout ton temps et si elle décolle, elle en demandera encore plus.

Ce qu'on réalise vite :

Entreprendre, c'est choisir ses horaires... mais rarement réduire son temps de travail.

Les faits :

Selon RBC (2023), 7 propriétaires de PME sur 10 citaient la conciliation travail-vie personnelle comme principal défi ; en 2026, 88% des employeurs québécois déploient des mesures, freinées par des ressources limitées.

À toi de clarifier :

Quelle charge de travail maximale es-tu prêt à supporter sans exploser ? Et que sacrifieras-tu si ça dérape (sport, vie sociale, sommeil) ?

....

....

....

....

....

....

....

....

#4
L'adrénaline comme moteur… mais pas éternellement.

Je me souviens d'un nouvel entrepreneur qui m'appelait chaque semaine au lancement de sa compagnie. Toujours le même refrain : « J'ai à peine dormi, mais c'est génial ! On a fait notre première vente ! On a un nouveau client ! On a même notre premier logo ! »

Six mois plus tard, silence radio.

Spoiler :

Au départ, tu carbures à l'enthousiasme et au café. Tout semble excitant : nouveau logo, premières ventes, premiers likes. Mais l'adrénaline n'est pas un business model. Au bout de 6 à 12 mois, si tu n'as pas structuré un vrai système, tu passes de « boosté » à « brûlé ».

Ce qu'on réalise vite :

L'adrénaline sert à démarrer. La discipline sert à durer.

Les faits :

Selon la FCEI (2025), 58% des fondateurs québécois vivent une fatigue intense dès la première année, un phénomène aggravé en 2026 par la faible demande et la pénurie de relève.

À toi de clarifier :

Comment planifies-tu ton énergie et ton rythme de travail pour éviter le burnout dès la première année ?

....

....

....

....

....

....

....

....

....

#5
Le syndrome du « tout seul au sommet ».

Chaque semaine, je rencontre des entrepreneurs qui me disent la même chose : « Je pensais que j'allais être libre… mais en fait, je me sens seul. »

Le syndrome du « tout seul au sommet ».

Spoiler :

Tu pensais te sentir « libéré », tu te retrouves isolé.

Finis les collègues pour te plaindre du boss : tu ES le boss. Et tu dois tout garder pour toi — même quand ça va mal.

L'entrepreneuriat peut être une des expériences les plus solitaires de ta vie… si tu ne crées pas un réseau d'entraide.

Ce qu'on réalise vite :

Parler à d'autres entrepreneurs sauve plus qu'un moral : ça sauve des entreprises.

Les faits :

L'OCDE (2023) notait 41% d'entrepreneurs canadiens citant la solitude comme stress principal ; en 2025, BDC confirme son impact sur 36% des PME, aggravé chez les jeunes.

À toi de clarifier :

Qui sont les trois personnes à qui tu peux parler sans filtre de tes doutes, de tes peurs et de tes échecs et que se passe-t-il si tu n'en trouves aucune ?

....

....

....

....

....

....

....

....

....

#6
L'entourage qui applaudit… puis qui doute.

Jour 1 : tous les likes sur LinkedIn, tous les sourires autour de toi. Tu te dis : « Wow, je vais conquérir le monde ! »

Mois 2 : tu parles de tes chiffres, et soudain… le regard qui change, la question qui fâche : « Ça marche, ton affaire ? »

L'entourage qui applaudit… puis qui doute.

Spoiler :

Au début, tout le monde te félicite : « Bravo ! Tu te lances ! » Puis, quelques semaines ou mois plus tard, les mêmes commencent à poser LA question : « Vu le résultat, tu veux pas laisser tomber ? » Prépare-toi à gérer le scepticisme, même venant de ta famille.

Ce qu'on réalise vite :

L'enthousiasme de ton entourage ne paie pas ton loyer.

Les faits :

Desjardins (2023) rapportait 37% de fermetures en deux ans pour les jeunes entreprises québécoises ; en 2026, les intentions grimpent chez les plus récentes (+0,5 pp), soulignant la quête de rentabilité.

À toi de clarifier :

Comment réagiras-tu la première fois qu'on te demande si tu devrais « retourner travailler pour quelqu'un » ?

....

....

....

....

....

....

....

....

....

#7
L'argent personnel… en première ligne.

Imagine : ton compte en banque te regarde droit dans les yeux chaque matin, et chaque dépense est un petit frisson. Bienvenue dans la vie de l'entrepreneur qui finance son rêve avec son propre argent.

Spoiler :

L'argent personnel… en première ligne. Ta carte de crédit n'a jamais autant travaillé. La plupart des entrepreneurs démarrent avec leurs économies, parfois même leur maison en garantie. Ça donne une motivation hors du commun… mais aussi une pression énorme.

Ce qu'on réalise vite :

Ton entreprise est libre… mais ton portefeuille, lui, est en otage.

Les faits :

La BDC (2024) rapportait 79% d'entrepreneurs canadiens finançant leurs débuts avec leurs fonds personnels ; en 2026, ce recours atteint 73% chez les travailleurs autonomes face aux freins externes.

À toi de clarifier :

Combien es-tu prêt à risquer de ton argent personnel avant de dire stop et comment décideras-tu que la limite est atteinte ?

……………………………………………………………

……………………………………………………………

……………………………………………………………

……………………………………………………………

……………………………………………………………

……………………………………………………………

……………………………………………………………

……………………………………………………………

……………………………………………………………

#8
Les « conseillers gratuits » qui pullulent.

Je ne sais pas combien de fois j'ai entendu : « Ah mais moi, à ta place, je ferais comme ça… »

Les « conseillers gratuits » qui pullulent. Dès que tu te lances, tout le monde a une opinion sur ton projet : ton beau-frère, ton voisin, ton ancien boss… La vérité ? 90% de ces conseils ne s'appliquent pas à ton cas.

Spoiler :

Tout le monde veut t'aider… mais très peu comprennent ton contexte réel. Et un mauvais conseil peut te coûter du temps, de l'argent et parfois ton énergie.

Ce qu'on réalise vite :

Écoute tout le monde, mais filtre sans pitié.

Les faits :

Forbes (2024) révélait que 65% des entrepreneurs perdaient temps et argent à suivre de mauvais conseils. En 2026, cela se traduit par 42% d'échecs liés à un mauvais diagnostic de marché.

À toi de clarifier :

Quels critères utiliseras-tu pour savoir si un conseil mérite d'être suivi ?

....

....

....

....

....

....

....

....

....

....

#9
Le piège du « je dois tout faire moi-même ».

Chaque entrepreneur débutant tombe dedans : croire qu'il peut tout faire lui-même.

C'est grisant… jusqu'au moment où tu réalises que ta to-do liste est devenue un monstre à trois têtes.

On veut économiser, prouver qu'on peut tout gérer : vente, marketing, compta, livraison…

Résultat : on s'épuise et on fait tout à moitié.

Déléguer tôt coûte cher… mais coûte moins cher que ton temps et ton stress.

Spoiler :

Tu n'es pas censé tout faire.

Et si tu deviens l'élément bloquant de ton entreprise, elle ne grandira jamais.

Ce qu'on réalise vite :

Si tu es le goulot d'étranglement, ton entreprise ne dépassera jamais ta capacité personnelle.

Les faits :

Une étude BDC (2023) montre que les entreprises qui délèguent au moins une fonction clé avant 12 mois augmentent de 30% leurs chances de survie.

À toi de clarifier :

Quelles sont les deux premières tâches que tu pourrais déléguer demain matin pour te libérer du temps et pourquoi ne l'as-tu pas encore fait.?

....

....

....

....

....

....

....

....

....

....

#10
Le premier NON : le plus difficile.

Au début, tu dis oui à tout, parce que chaque opportunité semble être « LE truc qui va te faire exploser ».

Le problème ? Ton frigo est vide, ton agenda saturé, et ta vision… oubliée au fond d'un dossier.

Les débuts sont excitants, alors on dit oui à tout : tout client, tout projet, toute collaboration.

Jusqu'au jour où tu réalises que dire oui à tout, c'est dire non à ta vision et à ton temps.

Spoiler :

Dire non n'est pas un refus : c'est une stratégie. Et c'est souvent la seule façon de protéger ton énergie, ton temps et ta trajectoire.

Ce qu'on réalise vite :

Chaque oui doit mériter ton temps.

Les faits :

Harvard Business Review (2023) indique que des critères clairs de sélection doublent les revenus en 3 ans ; une validation empirique accélère encore cette croissance.

À toi de clarifier :

Quel type de client ou de projet refuses-tu dès aujourd'hui, même si tu as peur de perdre un revenu et qu'est-ce que ce refus protège réellement.?

....

....

....

....

....

....

....

....

....

....

Alors, toujours là ? Les dix premiers points ne t'ont pas fait reculer. C'était ta première chance... Et reculer, crois-le, ne veut pas dire renoncer. Mais si tu es prêt à risquer des déconvenues, des nuits blanches, les commentaires et ton propre argent (le tien, pas celui de tes parents) alors oui, on est en affaires.

Plus sérieusement : quand on se lance, on part souvent d'une envie folle qu'on rationalise après coup. On veut y croire, parfois on a même l'impression de ne pas avoir le choix. On se persuade que c'est LA solution, on cherche des signes, et trop souvent, on fonce trop vite.

Pourtant, je te l'affirme : c'est toi qui décides. Pas de ta réussite ça, c'est affaire de système, de chance et de minutage. Non : tu décides seulement si tu écoutes cette petite voix qui te dit d'avancer, ou si tu prends le temps de faire une pause.

Je pourrais te raconter mes histoires, mais ici, c'est de toi qu'il s'agit. De ce dialogue avec toi-même, seul face aux vraies questions.

Penses-y.

Toujours là ? Parfait. On continue.

Partie 2 : L'IDÉE

L'idée… Celle qui va te permettre de fonder ton affaire. Elle est souvent géniale, unique, et le monde attend de la découvrir… ou pas.

Tu connais sûrement cette anecdote : pendant la conquête spatiale, la NASA a investi des fortunes pour concevoir un stylo capable d'écrire en apesanteur… alors qu'en URSS, ils utilisaient simplement un crayon à papier.

Mais je digresse. Avant d'aller plus loin, voyons comment vérifier ton idée ou, plus précisément, tout ce qu'on ne te dit jamais à son propos.

« On n'a pas besoin d'une entreprise de 100 personnes pour développer une bonne idée. »

Larry Page

#11
Mon idée vaut des millions (dans ma tête).

Au début, tu te dis : « Mon idée va faire fortune ! » La réalité ? Elle ne vaut pas plus qu'un post-it si tu ne passes pas à l'action.

Une idée vaut toujours des millions… en théorie.

Spoiler :

On t'a dit qu'il fallait « l'idée du siècle » pour percer ? Faux.

La majorité des start-ups à succès ne sont pas nées d'une idée révolutionnaire, mais d'une exécution meilleure ou plus rapide qu'un concurrent.

Ce qu'on réalise vite :

Ce n'est pas l'idée qui compte, c'est la mise en œuvre.

Les faits :

Les sources canadiennes récentes suggèrent que la croissance des start-ups dépend surtout de la rapidité d'exécution, de l'accès au marché et de la commercialisation, plutôt que de l'originalité seule.

À toi de clarifier :

Es-tu en train de chercher l'idée parfaite, ou de perfectionner ton exécution ?

....

....

....

....

....

....

....

....

....

#12
Protéger son idée : brevet et autres illusions.

Ton idée est géniale… pour ton salon. Le vrai test ? Que quelqu'un ouvre son portefeuille. Tout le reste : brevets, salons, concours, présentations privées ou publiques, c'est du théâtre.

Spoiler :

Ton entourage peut applaudir ton idée, mais seul le marché dira si quelqu'un est prêt à payer.

La meilleure validation, ce n'est pas un sondage : c'est une première vente.

Ce qu'on réalise vite :

Les compliments sont gratuits, les clients payants sont rares.

Les faits :

En 2025, le manque de dynamisme entrepreneurial et les coûts élevés sont les premières causes de fermetures de PME au Canada (FCEI, Enterprise Pulse Q3 2025), avec une création nette négative.

À toi de clarifier :

Quelle est la plus petite expérience que tu peux lancer dès demain pour vérifier que ton idée attire des clients réels ?

....

....

....

....

....

....

....

....

#13
Le marché n'attend pas ton génie.

Les entrepreneurs adorent leur idée. Normal. Mais le marché, lui, s'en fiche. Il va te secouer, te tester, et souvent t'obliger à changer ce que tu croyais parfait.

Le marché ne t'attend pas.

Spoiler :

Très peu d'entreprises gardent leur idée initiale intacte. Le marché te forcera à pivoter : Ton produit, ton prix, ton modèle d'affaires.

Résister au changement, c'est signer ton arrêt de mort entrepreneurial.

Ce qu'on réalise vite :

Tombe amoureux du problème, pas de ta solution.

Les faits :

Selon des analyses entrepreneuriales récentes, les start-ups qui pivotent stratégiquement 1-2 fois dans leur première année (avec données clients validées) affichent une croissance 3,6× supérieure et lèvent 2,5× plus de capital.

À toi de clarifier :

Si ton idée devait évoluer demain, es-tu prêt à laisser aller ce qui ne fonctionne pas, même si tu y as mis du temps et de l'argent ?

....

....

....

....

....

....

....

....

....

#14
L'étude de marché… sans t'y noyer.

Rien de tel que remplir un tableur de 50 colonnes pour se sentir productif… et réaliser qu'aucun client réel n'a été interrogé.

La vraie étude : c'est d'aller parler aux gens, pas d'imprimer des PDFs.

Spoiler :

Faire une étude de marché, c'est bien. Passer 6 mois à remplir des tableurs avant d'avoir parlé à un client, c'est non.

La vraie info ne vient pas d'une étude de marché, mais de conversations avec des gens qui ont un problème que tu peux résoudre.

Ce qu'on réalise vite :

Ton étude de marché la plus précieuse, c'est dix discussions franches avec des clients potentiels.

Les faits :

Les meilleures pratiques mondiales (Startup Genome 2023-2025) montrent que la validation client précoce accélère la rentabilité et la croissance des startups de 2,6×.

À toi de clarifier :

As-tu parlé à au moins cinq personnes prêtes à te dire ce qu'elles paieraient pour ton produit ou service. Oui ? Sinon, pourquoi.

....

....

....

....

....

....

....

....

....

#15
Choisir un modèle d'affaires… dès le départ.

« On monétisera après » : phrase qui fait rêver… et trembler ton banquier.

Le problème ? Sans modèle d'affaires, ton super produit reste juste un hobby très coûteux.

Spoiler :

Choisir un modèle d'affaires… dès le départ. « On verra comment on monétise plus tard » est probablement la phrase la plus dangereuse de l'entrepreneuriat.

Un modèle d'affaires clair dès le début t'aide à prioriser, éviter de courir dans tous les sens et attirer les bons investisseurs.

Ce qu'on réalise vite :

Pas besoin d'un modèle parfait, mais d'un modèle qui tient debout… sur un coin de napkin.

Les faits :

Selon CB Insights (2023), 29% des startups échouent faute de modèle d'affaires viable dès le départ, derrière le manque de market fit (43%).

À toi de clarifier :

Peux-tu expliquer à un ami, en 30 secondes, comment ton entreprise gagne ou va gagner de l'argent ?

……………………………………………………………

……………………………………………………………

……………………………………………………………

……………………………………………………………

……………………………………………………………

……………………………………………………………

……………………………………………………………

……………………………………………………………

……………………………………………………………

……………………………………………………………

#16
La passion ne paie pas les factures.

Je ne compte plus le nombre d'entrepreneurs qui se lancent parce qu'ils sont passionnés… et oublient un détail crucial : quelqu'un doit être prêt à payer pour leur produit ou service.

Spoiler :

Oui, il faut aimer ce que tu fais. Mais l'amour d'un projet ne remplace pas un marché solvable.

Beaucoup d'entrepreneurs se brûlent en poursuivant une passion qui ne trouve pas preneur.

Ce qu'on réalise vite :

Ta passion est ton carburant, pas ton GPS.

Les faits :

Selon le Rapport BDC 2025, 92% des entrepreneurs (95% au Québec) refont le choix de l'entrepreneuriat malgré pertes et incertitudes, confirmant la force et parfois le piège de la passion entrepreneuriale.

À toi de clarifier :

Comment sauras-tu qu'il est temps de changer de direction, même si tu adores ce que tu fais ?

....

....

....

....

....

....

....

....

....

....

#17
Le piège du perfectionnisme.

Le perfectionnisme, c'est ton ami qui te dit : « Encore une retouche et ce sera parfait ! »

Sauf que le client, lui, il attend juste de pouvoir acheter.

Spoiler :

Tu veux que ton produit soit parfait avant de le montrer ? Mauvaise idée. Chaque jour passé à « fignoler » sans feedback réel est un jour où tu retardes ton apprentissage… et ton premier revenu.

Ce qu'on réalise vite :

Mieux vaut un produit imparfait testé par des clients qu'un produit parfait testé par personne.

Les faits :

Dans les écosystèmes performants (GSER 2023-2025), la validation MVP précoce reste un facteur clé de survie. L'itération rapide permet de réduire le risque avant d'investir davantage.

À toi de clarifier :

Quelle est la version la plus simple de ton produit que tu pourrais lancer en 30 jours ?

....

....

....

....

....

....

....

....

....

....

#18
Les faux signaux positifs.

Imagine : ton téléphone n'arrête pas de vibrer avec des notifications de likes et de commentaires.

Tu te dis : « Ça y est, c'est le succès ! »

Puis, le mois suivant, ton compte bancaire te rappelle la réalité.

Spoiler :

Les faux signaux positifs : les vues, les likes, les compliments, les inscriptions à ta newsletter… tout ça flatte l'ego.

Mais si personne ne paie, ce n'est pas un business.

Ce qu'on réalise vite :

Ne confonds pas l'intérêt avec l'achat.

Les faits :

Les investisseurs ne se laissent plus impressionner par les vanity metrics (likes, téléchargements). Ils veulent de la traction réelle : croissance du MRR, rétention et ratio LTV/CAC. Selon CB Insights, 67 % des échecs proviennent d'un mauvais diagnostic du market fit.

À toi de clarifier :

Quelle est ta véritable métrique de succès celle qui prouve que ton entreprise avance réellement, et pas seulement ton compteur de likes ?

....

....

....

....

....

....

....

....

#19
La concurrence n'est pas ton ennemie.

Panique à bord ! Tu as googlé ton idée... et là, un concurrent existe déjà.

Relax. Le marché est juste plus réel que dans tes rêves.

Maintenant, c'est à toi de montrer pourquoi les clients devraient venir chez toi.

Spoiler :

Découvrir qu'un concurrent existe ne veut pas dire que ton idée est foutue. Au contraire : ça prouve qu'il y a un marché.

Le vrai enjeu, c'est de trouver ce qui te différencie.

Ce qu'on réalise vite :

Si tu n'as aucun concurrent, c'est peut-être que tu as un problème : pas de marché.

Les faits :

Contrairement au mythe de l'idée unique, les marchés concurrentiels prouvent un TAM validé. La HBR (2023) montre que le succès repose sur l'exécution 10x supérieure, pas l'absence de rivaux.

À toi de clarifier :

Quelle est la chose que tu offres que tes concurrents ne peuvent pas copier facilement ?

....

....

....

....

....

....

....

....

....

....

#20
Le bon timing n'existe pas.

Beaucoup d'entrepreneurs attendent le « moment parfait » pour se lancer.

La vérité : le moment parfait n'existe pas… et attendre, c'est souvent perdre du temps et de l'argent.

Spoiler :

Tu attends « le bon moment » pour te lancer ? Il ne viendra jamais.

Lancer trop tôt fait peur, lancer trop tard coûte cher. À un moment, il faut simplement sauter.

Ce qu'on réalise vite :

Le meilleur moment pour commencer était hier.

Le deuxième meilleur, c'est aujourd'hui.

Les faits :

La BDC (2022) révélait que 42% des entrepreneurs regrettent d'avoir attendu trop longtemps avant lancement ; leurs clientes validant via MVP rapide affichent +9,3pp de croissance (BDC, 2026).

À toi de clarifier :

Qu'est-ce qui t'empêche de lancer quelque chose maintenant, même petit ?

....

....

....

....

....

....

....

....

....

Tu as peut-être déjà entendu ça : une bonne idée ne vaut rien… et c'est vrai. Désolé si tu l'apprends ici, mais les bonnes idées comme les mauvaises tout le monde en a. Comme une opinion, ou un derrière, tu vois le genre. Il est presque certain que ton idée, d'autres l'ont déjà eue, l'ont ou vont l'avoir que ce soit dans la ville d'à côté ou à l'autre bout du monde. Qu'on le veuille ou non, on vit sur une petite planète.

Et je le précise : rêver, ce n'est pas négatif, au contraire. Mais un rêve, tout comme une idée, ne sert à rien s'il n'est pas habité et mis en action. Oui, ça peut réchauffer, impressionner en société, faire briller les yeux d'amis bienveillants. Pense-y : combien de personnes t'ont déjà parlé d'un projet de voyage, d'un livre, d'une BD, de brasser de la bière en région ou d'ouvrir un bar dans le Sud… et pourtant, elles sont toujours au même point.

Je le redis : il n'y a rien de mal là-dedans. Si ça leur fait du bien, tant mieux.

Mais toi, dans tout ça. Tu as déjà vingt questions derrière toi, et tu n'as même pas parcouru la moitié du chemin.

Prenons un instant, soyons francs : as-tu vraiment pris la mesure de ce dans quoi tu veux te lancer. Oui. Vraiment.

Réalise que ce que tu t'apprêtes à faire, c'est un passage à l'action. Sauter le pas, prendre un premier risque et d'autres ensuite avec ce qui fera toujours la différence et changera ta vie. Que tu réussisses ou non, te lancer, c'est ouvrir la porte à l'inconnu, alors qu'en ce moment même, c'est peut-être ton meilleur… ou ton pire moment.

Bref, prends le temps qu'il te faut.

Alors, on continue ?

- ☐ Oui
- ☐ Non

C'est ton premier choix d'entrepreneur.

Partie 3 : LE DÉBUT DU CONCRET

Je sais, il y a « con » dans « concret ». Hasard ou mise en garde ? Je te laisse choisir entre ta propre interprétation et la providence.

Plus sérieusement : tu entames déjà la troisième partie. Peut-être que tu as déjà un premier mandat ou tu es à « bout touchant ». Dans ce cas, j'imagine que tu as hâte d'avancer.

Sinon : rien, zéro mandat. Aucun intérêt tangible. Alors, dis-moi… qu'est-ce que tu fais encore là ? (Pas besoin de répondre : je ne suis pas vraiment là, mais il serait peut-être temps de relire les questions précédentes).

#21
L'échec ou la culture de l'échec...

Échouer, c'est supposé te rendre cool et expérimenté.

Problème : au Québec, tu risques surtout de passer pour la personne qui a tout foiré.

On nous vend la « culture de l'échec » comme un badge d'honneur.

Spoiler :

L'échec reste un échec. Et ça fait mal. Au Québec, on tolère souvent UN seul échec, pas plus. Au Canada anglophone, ça grimpe à DEUX. Aux États-Unis, si tu n'as pas échoué DIX fois en expliquant ce que tu as appris, personne ne t'écoute.

Ce qu'on réalise vite :

L'échec forge le caractère, mais il vide aussi le compte en banque. Anticipe-le dans ton plan.

Les faits :

Le rapport GEM Canada 2025 confirme que la peur de l'échec demeure un frein majeur à l'entrepreneuriat au Canada, où ce niveau reste supérieur à celui des États-Unis, de l'Allemagne et de l'Italie.

À toi de clarifier :

Quel est le pire scénario que tu es prêt à assumer, financièrement et émotionnellement ?

....

....

....

....

....

....

....

....

....

#22
Ton premier client… n'est pas ton client idéal.

Imagine : ton premier client te sourit, te félicite et signe ton premier contrat.

Super ! Mais attends de rencontrer celui qui ne te connaît pas et qui va ouvrir son portefeuille sans te flatter.

Spoiler :

Souvent, ton premier client est un proche qui veut t'encourager. C'est beau, mais ce n'est pas une preuve du marché. Ton vrai client, c'est celui qui ne te connaît pas et qui paie quand même.

Ce qu'on réalise vite :

La vraie validation c'est quand un inconnu met de l'argent sur la table.

Les faits :

Selon les principes Lean Startup et les analyses post-mortem, la majorité des fondateurs confondent premiers clients enthousiastes avec un vrai product-market fit scalable, causant 75% des échecs précoces (CB Insights).

À toi de clarifier :

Qui serait ton premier vrai client froid et comment l'atteindras-tu cette semaine ?

....

....

....

....

....

....

....

....

....

#23
Les erreurs coûtent plus cher que tu ne le penses.

On sous-estime souvent le prix réel des erreurs. Dans le monde de l'entreprise en démarrage, une petite négligence peut rapidement se transformer en catastrophe financière.

Spoiler :

Les erreurs coûtent plus cher que tu ne le penses. Signer un mauvais contrat ou oublier une clause, ça peut te coûter cher, très cher.

Au début, chaque erreur se paie cash… et parfois avec des économies d'une vie.

Ce qu'on réalise vite :

Les erreurs sont d'excellents profs, mais leurs honoraires sont exorbitants.

Les faits :

47% des PME identifient la réglementation comme frein principal, dont 21% des fermetures précoces liées à des litiges contractuels (FCEI/BDC 2025).

À toi de clarifier :

Quelle décision importante devrais-tu confier à un expert avant de l'appliquer ?

....

....

....

....

....

....

....

....

....

....

#24
La première victoire change tout.

Il y a un moment dans chaque entreprise en démarrage où tout bascule : quand quelqu'un, hors de ton cercle, te fait confiance et paie pour ton produit ou ton service. C'est ce moment qui transforme ton idée en véritable entreprise.

Spoiler :

La première victoire change tout. Le jour où quelqu'un que tu ne connais pas te paie… c'est magique. C'est le vrai départ : ton projet devient une entreprise. Mais attention : cette victoire doit te pousser à consolider, pas à te relâcher.

Ce qu'on réalise vite :

Le premier client est un signal d'avancer, pas un prétexte pour fêter pendant un mois.

Les faits :

90% des startups échouent finalement (20% en année 1, 50% en année 5, 70% en année 10), selon le Bureau of Labor Statistics et Startup Genome 2026.

À toi de clarifier :

Comment transformer ce premier client en trois autres dans le mois qui vient ?

....

....

....

....

....

....

....

....

....

....

....

#25
Les premières négociations forgent ton style.

Au début, tu penses que tout le monde est gentil et que le client a toujours raison…

Puis tu découvres que « tenir ton bout » poliment peut te sauver des semaines de galère.

Spoiler :

Les premières négociations forgent ton style. Tu signes souvent tes premiers contrats trop vite, trop bas, ou sans protections suffisantes. C'est normal : tu apprends. Chaque négociation est un entraînement pour comprendre ce que valent ton temps et ton produit.

Ce qu'on réalise vite :

Chaque contrat est une leçon, même s'il est coûteux.

Les faits :

Pricing Pact (2025) confirme qu'un mauvais pricing figure dans le top 5 des causes d'échec des start-ups, avec des cas où tripler les prix n'a fait perdre aucun volume de vente — les prix trop bas faisaient douter de la qualité.

À toi de clarifier :

Quel prix minimum es-tu prêt à défendre, même si tu risques de perdre un client ?

....

....

....

....

....

....

....

....

....

#26
Le « bénévole » déguisé en entrepreneur.

Beaucoup d'entrepreneurs débutants confondent engagement et exploitation. Au départ, on se surmène souvent pour des projets sous-payés, sans réaliser qu'on s'installe dans un cercle vicieux.

Spoiler :

Ne pas confondre « bénévolat » et « entrepreneuriat », si tu veux en vivre. Au début, tu peux travailler cinquante heures pour un mandat payé dix.

Si tu ne fais pas attention, tu restes coincé dans ce mode et tu risques de t'épuiser sans jamais devenir rentable.

Ce qu'on réalise vite :

Ton temps a une valeur. Si ton entreprise ne te paie pas, c'est un hobby.

Les faits :

En 2023, 13,2% de la population active canadienne était autonome, mais beaucoup de jeunes travailleurs rapportent des revenus initiaux inférieurs au salaire minimum provincial (Statistique Canada).

À toi de clarifier :

Comment calculer et respecter un taux horaire réaliste dès ton prochain mandat ?

....

....

....

....

....

....

....

....

....

....

#27
La première critique publique fait mal.

Imagine : tu publies fièrement ton projet sur LinkedIn ou tu le présentes à un groupe… Et quelqu'un pointe exactement ce qui ne va pas. Bam. Ton ego encaisse, mais ton projet progresse.

Spoiler :

La première critique publique fait mal.

Tout le monde adore ton projet… jusqu'à ce que quelqu'un le critique publiquement.

Ça pique, mais c'est une occasion : la critique est souvent plus utile que les compliments.

Ce qu'on réalise vite :

Si personne ne te critique, c'est que tu es invisible.

Les faits :

Les feedbacks clients négatifs précoces constituent le meilleur signal pour pivoter rapidement vers un vrai product-market fit, évitant 67% des échecs dus à un mauvais market fit (CB Insights).

À toi de clarifier :

Comment vas-tu réagir à ta première critique pour en sortir plus fort ?

....
....
....
....
....
....
....
....
....
....
....

#28
Dire NON à un client (pour la première fois)

Dire « non », c'est un muscle qu'on développe douloureusement.

Le premier refus pique, mais ensuite tu te demandes comment tu as pu survivre sans ça.

Spoiler :

Un client toxique, un projet hors de ton scope, un prix ridicule… un jour, tu devras dire non, si tu veux réussir.

C'est difficile, mais essentiel pour protéger ton énergie et ton business.

Ce qu'on réalise vite :

Dire NON libère de la place pour des OUI qui comptent.

Les faits :

Identifier et abandonner les activités déficitaires dès la première année concentre les efforts sur la vraie valeur, améliorant significativement la marge bénéficiaire (BDC/Mallette 2025-2026).

À toi de clarifier :

Quel type de client ou projet refuses-tu désormais par principe ?

....

....

....

....

....

....

....

....

....

....

#29
Le moment où tu veux tout laisser tomber.

Chaque entrepreneur connaît ce moment : celui où tout semble insurmontable et où abandonner paraît plus simple que continuer. C'est un passage obligé pour mesurer ta vraie motivation.

Spoiler :

Ça arrive à tout le monde : un jour, tu te demandes « Pourquoi je fais ça ? ».

Fatigue, manque d'argent, clients difficiles… c'est le mur. Ce moment teste ta vraie motivation.

Ce qu'on réalise vite :

Ce n'est pas de ne jamais douter qui compte, mais ta capacité à avancer malgré tout.

Les faits :

Un tiers des entreprises ferment dans les 5 premières années (BDC 2023), mais 92% des entrepreneurs persévèrent et 55% visent la croissance malgré les défis (BDC 2025).

À toi de clarifier :

Quelle est ta stratégie pour traverser ce moment : coach, mentor, plan B, etc ?

....

....

....

....

....

....

....

....

....

....

#30
Le premier « mini-succès » qui change ton mindset.

Ce n'est pas le chèque à six zéros. C'est le premier « vrai » client qui revient… et tu te surprends à sourire tout seul comme un ado après son premier flirt.

Spoiler :

Ce premier mini-succès change tout.

Ton premier contrat récurrent, ton premier client fidèle, ton premier témoignage qui fait chaud au cœur…

C'est le moment où tu prends conscience : « Ça peut marcher. » Ce petit succès devient ton carburant.

Ce qu'on réalise vite :

Accroche-toi à tes petites victoires : ce sont elles qui te font tenir.

Les faits :

Célébrer les micro-victoires quotidiennes renforce la motivation entrepreneuriale et prévient le burnout, selon les experts en comportement (Stanford/Revue Gestion 2026).

À toi de clarifier :

Quel petit succès peux-tu célébrer cette semaine pour recharger tes batteries ?

....

....

....

....

....

....

....

....

....

....

Alors, comment tu te sens ?

Sincèrement, ce que je te propose là, c'est un moment de respiration. C'est rare… encore plus en affaires. Tu navigues probablement entre euphorie, rush, doutes, avec un soupçon de syndrome de l'imposteur et un rôle d'héros ou d'héroïne solo. Et pourtant, ce n'est peut-être que ton premier, voire ton deuxième mandat.

Rien de tout ça. Alors tu serais l'élu ou l'élue. Si oui, contacte-moi vite : on a du pain sur la planche pour sauver cette planète.

Bon, on a bien ri, mais revenons à pourquoi tu lis ces lignes : ça fait quoi, au fond, de vraiment produire, réaliser, passer à l'acte ?

Quoi que tu répondes, souviens-toi :

1. Tu n'es pas seul ou seule à ressentir ça ou à l'avoir vécu.
2. Tu es une personne de valeur, même si parfois tu en doutes.
3. Ce n'est que le début.

Comme pour une première relation amoureuse ou un saut en parachute, c'est euphorisant, surtout la première fois. Mais si je te disais que le meilleur reste à venir, ce serait un mensonge. Je n'ai aucun moyen de le savoir : on ne se connaît pas, et j'ignore tout de ta réalité. Et oui, je t'avais prévenu : ici, on se parle vrai.

Ce que je peux faire, par contre, c'est t'inviter à choisir : en as-tu assez, ou tu veux continuer.

Dans les deux cas, je te soutiens à cent dix pour cent. Ça fait déjà une personne.

Trop souvent, on se force à continuer pour de mauvaises raisons (insère ici la citation qui te parle le plus, du genre « on n'a qu'une seule vie »). Et puisque tu es arrivé ou arrivée jusque-là, avec soixante pour cent des questions déjà répondues, bravo à toi, très sincèrement.

Je te propose encore une fois de prendre un moment pour respirer… et décider :

- ☐ STOP
- ☐ ENCORE

Si c'est encore, la suite t'attend.

Partie 4 : ON Y EST PRESQUE

Et voilà, on y est : des inconnus te paient pour ce que tu offres, tu travailles pour toi… pour tes clients, ton banquier, et tout ce qui vient avec. Tu as peut-être même plusieurs clients, sans oublier qu'au dernier party de famille, quelqu'un t'a demandé si tu gagnais de l'argent avec ton activité et tu as enfin pu répondre : oui.

Tu as même resigné avec des clients. Une réussite… qui s'accompagne souvent de reproches : « Tu travailles trop, on ne te voit plus », « Je suis content que tu vives de ta passion, mais ça ne suffit pas pour faire vivre une famille ». Tu ressens la vraie fatigue, les injonctions à tout accepter parce qu'il faut survivre, continuer, il faut que ça marche.

Et tu y penses probablement : le fun du début s'est envolé. Pourtant, certains continuent. Pourquoi ?

Et si on regardait ça ensemble ?

« Le plus important n'est pas de faire du profit, mais d'avoir des valeurs qui guident l'action. »

Anonyme

#31
La « stabilisation » est plus difficile que le démarrage.

Beaucoup pensent que le plus dur, c'est de se lancer. En réalité, le vrai défi arrive après : quand il faut livrer tous les jours, avec la même énergie qu'au premier contrat.

Spoiler :

Lancer, c'est grisant. Stabiliser, c'est répétitif. Une fois les premiers clients là, il faut livrer, livrer et livrer… sans perdre la qualité, tout en gérant les imprévus. C'est souvent là que plusieurs lâchent : la nouveauté est partie, il ne reste que le travail.

Ce qu'on réalise vite :

L'ennui fait partie du succès. La régularité construit l'entreprise.

Les faits :

Les cessations définitives d'entreprises au Québec atteignent 5,7% en 2025, leur plus haut niveau depuis 2013, ce qui souligne des défis persistants de pérennité souvent liés à une gestion opérationnelle inadéquate malgré un dynamisme entrepreneurial (Observatoire de l'entrepreneuriat émergent, UQTR, 2025).

À toi de clarifier :

Quels systèmes peux-tu mettre en place pour réduire le chaos et éviter de tout réinventer chaque semaine ?

....

....

....

....

....

....

#32
Les sacrifices deviennent plus lourds.

Au début, tes proches sont fiers : « Wow, quel bosseur. » Deux ans plus tard, ils se demandent si tu vis toujours à la même adresse.

Les sacrifices deviennent plus lourds.

Spoiler :

Dans les deux premières années, tu acceptes de te payer peu, de travailler tard, de tout prioriser sur ton projet. Mais au bout d'un moment, ton entourage, famille, conjoint ou conjointe, te dit : « Ça suffit, on veut te voir. » Ces tensions deviennent un test crucial de ton engagement… et de ton équilibre.

Ce qu'on réalise vite :

Ton entreprise doit grandir sans que ta vie personnelle s'effondre.

Les faits :

52% des entrepreneurs en couple rapportent que leur relation a souffert significativement durant leurs trois premières années (Statistique Canada, 2023).

À toi de clarifier :

Quelle limite claire (horaire, disponibilité, etc) peux-tu poser pour protéger ton équilibre personnel ?

....

....

....

....

....

....

....

....

....

#33
Le mythe de la « croissance infinie ».

Tu décroches ton dixième client, puis ton vingtième. Tout le monde te dit : « Fonce, embauche, double ton offre. » Sauf que si tu accélères trop, ce n'est pas une croissance… c'est un crash programmé.

Spoiler :

Le mythe de la croissance infinie. On te répète : « Tu dois scaler, scaler, scaler. »

Mais une croissance trop rapide peut tuer une entreprise plus vite que la stagnation. À ce stade, l'objectif n'est pas d'aller plus vite, mais de consolider pour grandir sans tout casser.

Ce qu'on réalise vite :

La bonne vitesse, c'est celle que ton cashflow peut supporter.

Les faits :

70% des start-ups surcapitalisées manquent leurs objectifs de croissance dans les 18 mois suivant une levée de fonds massive, souvent en raison d'une crise de liquidité liée à une mauvaise gestion financière (Crédipro, 2025)

À toi de clarifier :

Es-tu prêt à dire non à une opportunité si elle met en danger ta trésorerie ?

....

....

....

....

....

....

....

....

....

#34
Manager, ce n'est pas livrer.

Tu pensais que recruter allait t'enlever des soucis ? Surprise : tu en as deux fois plus. Et cette fois, ce ne sont plus des tâches… ce sont des humains.

Spoiler :

Manager, ce n'est pas livrer. Quand tu embauches ta première personne, ton rôle change. Tu n'es plus seulement un faiseur, tu deviens un leader… et parfois un pompier.

Ta productivité peut baisser, parce que tu dois expliquer, former, recadrer. Mais c'est un investissement vital.

Ce qu'on réalise vite :

Chaque heure passée à clarifier tes attentes t'en fait gagner dix plus tard.

Les faits :

Selon Gallup (2025), 70% de l'engagement d'une équipe dépend directement de la qualité du management.

À toi de clarifier :

Quelles 3 tâches peux-tu documenter cette semaine pour rendre ton équipe plus autonome ?

....
....
....
....
....
....
....
....
....
....
....

#35
Les premiers clashs d'équipe.

Tout le monde est motivé, tout le monde se dit aligné… puis un courriel mal interprété, une tâche oubliée, une remarque mal placée : et ça explose.

Spoiler :

Même avec deux ou trois personnes, les tensions arrivent vite : rôles flous, egos, communication difficile. Éviter le conflit le fait s'accumuler, le régler trop souvent fait fuir des talents.

Ce qu'on réalise vite :

Les conflits bien gérés font grandir. Les conflits ignorés détruisent.

Les faits :

Au Québec, 69% des start-ups de moins de 10 employés (dont la moitié ont 3 employés ou moins) doivent recruter hors région en raison de défis de rétention et de conflits internes, illustrant la fragilité des petites équipes naissantes (MAIN, 2024)

À toi de clarifier :

Quel processus de feedback peux-tu mettre en place pour désamorcer les tensions ?

....

....

....

....

....

....

....

....

....

#36
Le risque de burnout devient réel.

On ne va pas se mentir : tu n'es pas une machine. Tu peux encaisser beaucoup, mais pas indéfiniment. Et quand la fatigue s'accumule, elle finit toujours par te rattraper.

Spoiler :

Au début, l'adrénaline masque la fatigue. Après deux ou trois ans, l'accumulation pèse : responsabilités, incertitudes, décisions multiples. Beaucoup de fondateurs craquent à ce moment-là.

Ce qu'on réalise vite :

Ton énergie est ton actif le plus précieux. Gère-la comme ton cashflow.

Les faits :

Plus du tiers (36%) des propriétaires d'entreprise au Canada déclarent que des problèmes de santé mentale nuisent à leur capacité de travailler au moins une fois par semaine, un chiffre atteignant 60% chez les moins de 40 ans particulièrement vulnérables dans les premières années (BDC, 2025).

À toi de clarifier :

Quels signes d'alerte (fatigue, irritabilité, sommeil) surveilles-tu ?

....

....

....

....

....

....

....

....

#37
La tentation du « shiny object ».

Ton business commence à tourner. Et soudain, chaque nouvelle idée te semble une opportunité en or. Le problème : toutes ne méritent pas ton temps.

Spoiler :

Quand ton business tourne, tu peux vouloir lancer dix nouveaux projets. Le risque : perdre le focus et griller ton énergie inutilement.

Ce qu'on réalise vite :

Dire non à un projet excitant est parfois le meilleur moyen de sauver le projet principal.

Les faits :

74% des start-ups à forte croissance échouent parce qu'elles passent à l'échelle trop tôt, doublant ainsi leur risque d'échec dans les 5 ans en raison d'une dispersion prématurée des ressources (CENGN, 2026, citant Startup Genome).

À toi de clarifier :

Quelle idée séduisante peux-tu mettre en pause pour préserver ta concentration ?

....

....

....

....

....

....

....

....

....

#38
La solitude du dirigeant.

Tu peux avoir une équipe autour de toi, des clients, même une famille présente… mais au moment de trancher, c'est toi et toi seul.

Spoiler :

Même avec une équipe, certaines décisions restent sur tes épaules. Tu ne peux pas tout partager avec tes collaborateurs, tes clients, ni même ta famille. Cette solitude peut peser lourd.

Ce qu'on réalise vite :

Avoir un pair, un coach ou un mentor n'est pas un luxe, c'est essentiel.

Les faits :

Les dirigeants accompagnés par un coach professionnel rapportent 33% plus de satisfaction dans leur équilibre vie pro/perso et une réduction significative de l'isolement, comparés à ceux sans accompagnement (Revue Gestion, HEC Montréal, 2025).

À toi de clarifier :

Qui serait ton miroir dans les six prochains mois ?

....

....

....

....

....

....

....

....

....

....

#39
L'argent change les relations.

Au début, tout est simple : un café, une poignée de main, un projet partagé. Puis un jour, la question tombe : « Qui prend combien ? » Et l'ambiance change.

Spoiler :

On dit souvent que l'argent révèle les gens. En affaires, c'est encore plus vrai. L'argent change les relations : quand ça va bien, les liens entre associés, partenaires ou amis peuvent se tendre. Les discussions sur la rémunération, les bonus ou les parts réveillent des susceptibilités.

Ce qu'on réalise vite :

Des ententes claires, en amont, évitent des amitiés brisées.

Les faits :

Environ 7% des échecs de start-ups sont directement attribuables à des conflits entre cofondateurs, souvent d'origine financière (comme la répartition des parts ou les salaires), un chiffre qui monte à 14% lorsque les tensions internes s'aggravent (Stripe, 2025).

À toi de clarifier :

Quelle entente écrite dois-tu formaliser dès maintenant pour éviter un conflit ?

....

....

....

....

....

....

....

....

#40
Les doutes existentiels reviennent.

Le plus grand mythe : croire que les questions existentielles disparaissent avec le succès. En réalité, elles changent simplement de forme… et reviennent quand tu t'y attends le moins.

Spoiler :

Ironie : même si ton entreprise marche, tu peux te demander : « Je veux encore faire ça ? »

Ce moment est normal. C'est une occasion de réajuster ta route.

Ce qu'on réalise vite :

Réussir ne suffit pas si tu n'aimes plus ce que tu fais.

Les faits :

Près de 40% des propriétaires de PME rentables envisagent de vendre ou de quitter leur entreprise dans les 5 ans, principalement en raison d'un plateau de croissance ou d'un manque de motivation personnelle malgré des performances financières solides (BDC, 2025).

À toi de clarifier :

Si tu repartais à zéro demain, referais-tu la même chose, et pourquoi ?

....

....

....

....

....

....

....

....

Voilà, on est dans le dur. Tu es en affaires : responsabilités, factures, administration, marketing, communication, management. La loi de Pareto n'a jamais été aussi vraie : tu passes quatre-vingts pour cent de ton temps à faire des tâches nécessaires, mais absolument pas fun, et seulement vingt pour cent à produire de la valeur.

Le matin, le midi, le soir, et même la nuit, tu penses à ton entreprise. Parfois, tu te dis que tout roule, que tu es lancé vers le succès, que bientôt tu connaîtras la tranquillité méritée... et la loi de Murphy te rattrape.

Ta vie privée et professionnelle se mélangent, et tu te retrouves face à des décisions que tu pensais ne jamais devoir prendre : engager, remercier, optimiser, t'endetter, consolider. C'est donc ça, gérer une compagnie.

Pourtant, vu de l'extérieur, tout semble sous contrôle, solide, fiable. Tu peux en être fier, même si, de ton point de vue, c'est un château de cartes posé sur une table branlante.

Et il y a de quoi perdre le nord, parce que même si tu sais où aller, tout le monde a un avis : proches, amis, professionnels, médias, politiques, inconnus.

Mais personne n'est d'accord sur la bonne direction.

Alors, dis-moi : qu'est-ce que tu fais dans cette galère depuis si longtemps ? Je te laisse répondre. Si tu penches du côté négatif, tu sauras faire le bon choix ou pas, ça fait partie de la game.

Mais si tu y vois plus de positif et que tu as envie de continuer, il nous reste à faire le plus dur : passer le cap des trois ans.

Trois ans, ça passe vite. Très vite.

Et on va voir ça ensemble.

Partie 5 : ON A PASSÉ LE CAP DES TROIS ANS !

Pérennité, maturité... que de mots pour dire une seule chose : tu n'es plus la saveur du moment, mais tu es loin d'être sauf. Tu pensais avoir fait le plus dur ? En réalité, il te fallait tenir trois ans pour savoir si ce que tu as bâti est solide, capable de naviguer par vents et marées.

Et tu l'as fait. Bravo. Tout le monde ne va pas aussi loin.

Mais tu sais quoi ? Oublie tout ce que tu as appris, oublie ce que tu crois savoir... parce que tu ne changes pas seulement de ligue, tu changes carrément de game !

« Jamais réalisé ne veut pas dire irréalisable. Tout est possible avec assez de motivation, de chance, et de connaissances. »

Louis Fortin

#41
La première embauche ratée.

Je me souviens d'un fondateur qui m'a dit : « J'étais tellement heureux d'embaucher… jusqu'au jour où j'ai dû gérer la première sortie. »

Spoiler :

Statistiquement, ça arrive à presque tout le monde : la première embauche n'est pas la bonne. Ce n'est pas forcément la faute de la personne, ni la tienne. Mais les conséquences peuvent coûter cher.

Ce qu'on réalise vite :

Embauche lentement, licencie rapidement.

Les faits :

Au Canada, seuls 10-16% des start-ups embauchent leur premier employé dans leur première année, et ce taux chute à moins de 3% dès la 3◎ année, indiquant que près de 46% des premières embauches ne dépassent pas 12 mois en raison d'une fragilité structurelle (ISDE, 2025).

À toi de clarifier :

Quelle compétence précise est absolument indispensable pour ton prochain recrutement ?

....

....

....

....

....

....

....

....

....

#42
Formaliser les processus… enfin !

À deux, tout roule à l'instinct. À dix, c'est la pagaille assurée si rien n'est écrit nulle part.

Spoiler :

Ce qui était gérable à l'instinct à deux ou trois devient vite chaotique à cinq ou dix. Documenter ses processus n'est pas de la paperasse inutile : c'est ce qui te libère du micromanagement.

Ce qu'on réalise vite :

Standardiser, ce n'est pas brider, c'est créer un terrain de jeu clair.

Les faits :

Les PME qui formalisent et automatisent leurs processus avant leur 5e année voient leur productivité augmenter de 15 à 20% en moyenne, grâce à une optimisation opérationnelle structurée (FCEI, 2026)

À toi de clarifier :

Quel processus clé pourrais-tu écrire aujourd'hui pour éviter que tout repose sur toi ?

....

....

....

....

....

....

....

....

....

#43
La trésorerie devient le nerf de la guerre.

Tu crois que plus de clients = plus de sécurité ? En réalité, plus de clients = plus de factures en attente... et plus de sueurs froides quand les paiements tardent.

Spoiler :

Quand les volumes augmentent, les problèmes de cashflow peuvent être encore plus critiques qu'au début. Le délai entre la facturation et le paiement peut te faire vaciller même quand l'entreprise est en croissance.

Ce qu'on réalise vite :

Une entreprise rentable peut mourir d'un trou de trésorerie.

Les faits :

Près de 54% des faillites de PME canadiennes entre 2020 et 2024 sont liées à des prêts d'urgence non remboursés et à des problèmes de liquidités persistants, malgré un accès stable à la clientèle, particulièrement après la fin des exonérations liées à la pandémie (Statistique Canada, 2025).

À toi de clarifier :

As-tu au moins trois scénarios de prévision de trésorerie pour les six prochains mois ?

....

....

....

....

....

....

....

....

#44
La réputation, nouvel actif stratégique.

Un ami me confiait : « J'ai passé trois ans à bâtir ma boîte… et trois heures à voir ma crédibilité s'effondrer à cause d'un client en colère sur LinkedIn. » Tu n'es plus jugé sur ton pitch, mais sur ce que les autres racontent de toi. Et ça peut te propulser comme ça peut te plomber.

Spoiler :

À ce stade, ce que les autres disent de toi compte plus que ce que tu dis toi-même. Un seul client insatisfait ou un post viral peut freiner ta croissance.

Ce qu'on réalise vite :

Ta réputation est un capital qui se construit chaque jour, pas une campagne marketing.

Les faits :

92% des clients B2B consultent les avis et témoignages en ligne avant de signer un contrat avec une PME, confirmant leur rôle déterminant dans la prise de décision d'achat (DHL Canada, 2025).

À toi de clarifier :

Quel mécanisme simple peux-tu mettre en place pour collecter et afficher les témoignages clients ?

....

....

....

....

....

....

....

....

....

#45
Redéfinir le rôle du fondateur.

Au début, tu es partout : ventes, marketing, factures, cafés. Mais le vrai test d'un fondateur, ce n'est pas de lancer une entreprise. C'est d'accepter que son rôle change complètement au moment où elle commence à grandir.

Spoiler :

Après trois ou quatre ans, tu n'es plus celui qui fait tout. Ton rôle devient visionnaire, décideur stratégique, bâtisseur de culture. Certains fondateurs adorent. D'autres s'ennuient et quittent.

Ce qu'on réalise vite :

Ton entreprise a besoin d'un CEO, pas seulement d'un fondateur.

Les faits :

40% des fondateurs de start-ups sont remplacés par un CEO externe avant leur 5e année, dont une majorité à leur propre demande en raison du syndrome du fondateur indispensable et des limites de scaling (GoWeez, 2026).

À toi de clarifier :

Es-tu prêt à devenir le CEO de ta boîte... ou à passer le flambeau ?

....

....

....

....

....

....

....

....

....

#46
L'après-toi : Célébrer les victoires (vraiment).

Tu as survécu aux montagnes russes, aux nuits blanches et aux doutes. Et pourtant, tu passes parfois à côté de tes propres victoires. Dans la course entrepreneuriale, tu regardes toujours le prochain obstacle. Mais si tu ne prends jamais le temps de savourer, tu oublies pourquoi tu cours.

Spoiler :

Passer la barre des trois ans, ce n'est pas rien. Beaucoup d'entreprises s'arrêtent bien avant. Prends le temps de marquer le coup, de remercier tes clients, ton équipe… et toi-même aussi.

Ce qu'on réalise vite :

La reconnaissance n'est pas un « nice-to-have ». C'est ce qui recharge les batteries pour continuer.

Les faits :

Plus de 60% des PME négligent de célébrer leurs anniversaires et jalons, passant à côté d'un boost d'engagement multiplié par 9 en interne et d'une fidélisation externe accrue, selon les meilleures pratiques observées chez les leaders (O.C. Tanner, 2025).

À toi de clarifier :

Quelle célébration symbolique pourrais-tu organiser cette année pour ton équipe et tes partenaires ?

....

....

....

....

....

....

....

....

#47
Consolider avant de scaler.

Je sais que tu veux foncer. Un investisseur te dit : « Il faut scaler. » Un client te demande : « Et si vous faisiez ça aussi ? » Et toi, tu te dis : « Pourquoi pas, allons-y. » Erreur classique.

Spoiler :

L'envie d'accélérer est forte : nouveaux marchés, nouveaux produits. Mais avant de foncer, assure-toi que les fondations processus, finances, culture sont solides.

Ce qu'on réalise vite :

Le scale amplifie tout, les forces comme les faiblesses.

Les faits :

70 à 80% des échecs d'expansion des PME sont attribuables à un manque de préparation opérationnelle : main-d'œuvre inadaptée, processus non scalables et localisation mal anticipée (CIRANO, 2020, confirmé en 2025).

À toi de clarifier :

Quelle fuite financière, opérationnelle ou humaine, dois-tu réparer avant de mettre plus de carburant ?

....

....

....

....

....

....

....

....

#48
Penser succession ou sortie.

Je sais, tu n'as pas envie d'y penser maintenant. Imagine ton toi du futur dans cinq, dix ou quinze ans. Veux-tu toujours diriger ? Passer le flambeau ? Encaisser et recommencer ? Ces réponses ne s'improvisent pas. Mais plus tu ignores la question, plus elle te rattrapera brutalement le jour venu.

Spoiler :

Un jour, il faudra céder, vendre ou fermer ton entreprise. Penser à ce moment tôt, c'est éviter de le subir.

Ce qu'on réalise vite :

Construire une entreprise vendable te donne de la liberté, même si tu ne souhaites pas vendre.

Les faits :

Seulement 9% des dirigeants de PME disposent d'un plan de relève formel écrit, ce qui réduit drastiquement la valeur de revente de leur entreprise et met en péril 2 000 milliards $ d'actifs commerciaux au Canada (FCEI, 2023, confirmée en 2026).

À toi de clarifier :

Si tu vendais demain, ton entreprise serait-elle prête à séduire un acheteur ?

....

....

....

....

....

....

....

....

....

#49
Se réinventer pour durer.

Rien n'est figé. Le marché bouge, les attentes changent, la technologie avance. Et toi aussi, tu changes. Ce qui t'a permis d'arriver là ne suffira pas forcément pour aller plus loin.

Spoiler :

Chaque étape demande une nouvelle version de toi, de ton équipe, de ton entreprise. Ne pas évoluer peut transformer une belle organisation en coquille vide.

Ce qu'on réalise vite :

La réinvention n'est pas une crise. C'est un cycle normal.

Les faits :

Les entreprises qui introduisent au moins une innovation (produit, service ou processus) tous les 1-2 ans affichent une productivité et une rentabilité 2,5 fois supérieures à celles qui stagnent, particulièrement dans les PME confrontées à une forte concurrence (Statistique Canada, 2024).

À toi de clarifier :

Quelle petite innovation (nouveau service ou nouveau processus) pourrais-tu tester dans les trois prochains mois ?

....

....

....

....

....

....

....

#50
Redéfinir ton succès personnel.

Le vrai cadeau d'une entreprise n'est pas toujours le chiffre d'affaires. C'est ce qu'elle te révèle sur toi, tes envies et ce que tu veux vraiment accomplir.

Spoiler :

Au final, le projet t'a transformé. Le succès n'est plus forcément ce que tu pensais au départ : plus d'argent, plus de temps, plus d'impact. Cette réflexion est essentielle pour décider de la suite.

Ce qu'on réalise vite :

L'entreprise est un outil pour créer ta vie idéale, pas l'inverse.

Les faits :

45% des entrepreneurs ayant atteint leurs objectifs financiers initiaux redéfinissent leur vision de la réussite dans les 5 ans suivants, privilégiant l'impact sociétal et l'équilibre personnel au-delà du chiffre d'affaires (Revue Gestion HEC Montréal, 2025).

À toi de clarifier :

Si tu avais une baguette magique, à quoi ressemblerait ta vie dans cinq ans et comment ton entreprise peut-elle t'y amener ?

....

....

....

....

....

....

....

....

Trois ans, cinq ans, dix ans, vingt ans… Tout ce que je sais, c'est que tu as franchi les cinquante raisons, et rien que ça, c'est déjà énorme. Sincèrement, réfléchis-y : combien de fois as-tu commencé quelque chose sans aller jusqu'au bout ? Pas en parlant des autres, pas des célébrités. En parlant de toi.

Peu importe ton passé ou ton futur. Peu importe que tu te sois lancé ou non, que tu aies une entreprise ou non, peu importe son importance ou sa longévité. Prends la mesure de ce moment. Et surtout, pense à le célébrer c'est important.

Maintenant que c'est fait, et avant de passer à la conclusion générale, il est temps d'avoir la discussion que tu dois avoir avec toi-même. Prends le temps d'y répondre aussi sincèrement que possible :

« Pourquoi es-tu parti en affaires ? »

Une fois que tu auras exploré cette question, laisse-la travailler en toi. On se retrouvera à la conclusion, quel que soit ton chemin.

« Le vrai enjeu n'est pas de suivre la tendance, mais d'avoir des outils et une posture pour décider vite, bien, et avec intégrité. »

Zyad Chouadhi

Conclusion

On ne t'a rien promis. Si tu es encore là, ce n'est pas un hasard. Tu as compris l'essentiel : il n'existe pas de recette. Et ce livre n'en est pas une. Il clarifie autre chose.

Ce que les récits de succès évitent : les doutes, les coûts, les arbitrages et la réalité économique. Créer une entreprise n'est pas une question d'idée. C'est une question de validation.

Une seule compte : est-ce que quelqu'un est prêt à payer, suffisamment et assez longtemps, pour que cela devienne viable ? Si la réponse est non, le reste ne compense pas. Si la réponse est oui, tout commence.

Le parcours n'a rien de neutre. Il implique des choix : temps, argent, relations, énergie. Et surtout, des renoncements. Il n'existe ni garantie ni raccourci. Seulement une responsabilité : décider.

Tu peux refermer ce livre. Ou t'engager. Mais dans les deux cas, décide lucidement. Si tu avances, fais-le sans illusion. Teste. Ajuste. Coupe. Recommence.

Et garde une règle simple : tu n'as pas besoin de tout perdre pour apprendre.

Bienvenue dans le club.

Maintenant, tu sais.

« À toi de jouer ! »

À propos de l'auteur

Zyad Chouadhi est architecte de gouvernance en intelligence artificielle.

Il intervient dans un contexte devenu critique : l'IA avance plus vite que les organisations. Son rôle n'est pas d'expliquer la technologie. Il consiste à structurer la décision, réduire l'incertitude, cadrer les risques et rendre l'action possible.

Depuis plus de vingt-cinq ans, il accompagne des entreprises en Amérique du Nord, en Europe, en Océanie et en Afrique. Son parcours s'est construit dans des environnements où la technologie redéfinit les modèles d'affaires, notamment dans les médias, la cybersécurité, le multimédia, les jeux vidéo et l'enseignement supérieur. Il y développe une capacité rare : relier les enjeux stratégiques aux contraintes opérationnelles.

Entrepreneur et intrapreneur, il a cofondé deux start-up technologiques cédées avec succès, et dirige aujourd'hui sa propre firme de conseil. Ce parcours ne relève pas de la théorie. Il repose sur une pratique du réel : créer, valider, échouer, recommencer et décider.

Consultant senior, formateur et conférencier international, il est reconnu pour sa clarté. Il rend intelligible le complexe et opérationnel le flou. Son ton est direct, sa posture exigeante, et son objectif constant : éviter les décisions floues dans des contextes incertains.

Installé entre la Suisse romande et le Québec, il accompagne les organisations qui veulent intégrer l'intelligence artificielle de manière responsable, durable et alignée avec leurs enjeux d'affaires. Il conçoit des cadres de gouvernance, des rituels décisionnels et des approches adaptées aux PME, à contre-courant des discours sensationnalistes.

Il s'engage également dans des initiatives comme le mouvement #donnerausuivant, qui valorise l'entraide et les talents discrets.

Sa mission tient en une ligne : aider les dirigeants à décider dans un monde qui complexifie tout, avec lucidité, sans illusion, mais avec une direction claire.

« Pour aller plus loin ! »

Retrouvez du contenu supplémentaire :

Ou en consultant :

zyadchouadhi.com/livres

Découvrez ma voix et celles d'entrepreneurs uniques, d'ici et d'ailleurs.

Écoutez le podcast sur :

Ou en consultant :

baladoquebec.ca

« Café, thé ou Kombucha ? Rencontre avec une personne unique. »

Made in the USA
Monee, IL
21 June 2026

b1d1a854-ceab-4407-98a7-6b40e09cf295R01